八法亭みややっこの世界が変わる憲法噺

Iida Miyako 弁護士 飯田美弥子

花伝社

八法亭みややっこの世界が変わる憲法噺◆目次

目次

まくら

え〜、本日もたくさんの方においでいただきまして、まことにありがとうございます。お席、お詰め合わせいただいて、恐縮でございます。それもこれも、私の人気が高いせいでございまして。いやあ、まことにもうしわけありません。

さきほど司会の方にご紹介いただきました、八法亭という名前。これは私が八王子合同法律事務所の弁護士だからでございまして、とどのつまり、八王子という「地名」からきております。

今説明しましたから、「六法」亭じゃないんですか、とご質問なさるのは、おひかえくださいまし。

あらためて断っておきますが、私の本業は弁護士でございます。

今日の司会の方は、弁護士という肩書きも、本名も、忘れずに紹介してくださったので助かりました。

これが実によく忘れられるんですねぇ。

「落語家のみややっこさんは、弁護士もやってらっしゃいます」と言われることなどしょっちゅう。

先日は、「なんと、みややっこさんはプロの弁護士さんです」とご紹介いただきました。「アマチュアの弁護士がいたら、弁護士法違反だわ」と、うちの事務員が大ウケしたものでございます。

これもひとえにみややっこ人気ゆえでしょうか。本人が一番困惑しております。

二つの存在、行ったり来たり

チラシのご紹介でよく書いてくださるのが、「落語家で弁護士でもある」という一節。

これには、う～む……と首を捻《ひね》っています。

プロの落語家ではないのでねぇ。

主催者から頂戴している「おあし」は、弁護士の出張手当相当でございまして、わが事務所……芸能事務所じゃないですよ、由緒《ゆいしょ》正しい法律事務所です。わが事務所では、「みややっこの口演」はあくまでも弁護士の講演活動として扱っております。

それでも、事務所に「プロの噺家《はなしか》はもっと安かった」とクレームをもらったこともありますし、逆に、「みややっこでなくていいので、講演してください」という依頼を受けることもあるんです。

でもねえ、すでにもう4年近くもみややっこ口演だけをやっておりますと、素の飯田美弥子弁護士で話すことが照れくさいと言いますか、きまりが悪いと言いますか、抵抗があるんです。

不思議なもんですよねぇ。

事務員が「普通の講演でしたら、他の弁護士を伺《うかが》わせますが」と聞くと、「え？　そちらの事務所の先生は、皆、落語をなさるんですか？」と、トンチンカンな問答になったこともありました。

事務員には法律事務所らしからぬ苦労をかけております。

みややっこを170回続けるということ

プロの落語家じゃない、と言いますと、次には「え？　じゃ、趣味なんですか？」という質問をよくいただきます。

いやあ、同じネタを全国で170回もやっているのを「趣味か？」と言われると、また、首を捻りたくなるんですね。

伊達や酔狂だったら、こんなに、毎週末毎週末、地方口演をしたりはしないと思います。

人気が出始めた頃は、どうして私ばかりがあちこち行かなきゃならないの？　と音をあげたこともありました。

ネタを本にして出版すれば呼ばれなくなるかと思い、ＤＶＤにすれば私が行かなくてもすむようになるかと目論見ました。しかし、ことごとく裏目に出まして、火に油をそそぐことに。

今日も今日とてみややっこ……ああ、恨めしや～。

いいえ、これは冗談です。

みややっこの力

『八法亭みややっこの憲法噺』という本にまとめた口演は、私が作ったオリジナルのネタです。口演では、その時の政治ネタを反映させてくすぐりなどを変えていますが、憲法の講義という太い柱は変わっていません。

私の噺は1時間半かかります。憲法の基本理念を理解してもらうためには、ぎりぎり必要な長さです。

憲法の講義《こうぎ》といえば、普通は堅苦《かたくる》しいもの。

「90分もあったら寝てしまうのでは」と初めは怖気《おじけ》づくお客様が、終わったときには「あっと言うまだった」「もっと聞きたかった」と言ってくださるんです。

私の噺が皆さんに受け入れられて、目からうろこ、と言っていただける。お招きのご連絡が引きも切らずに舞い込む。となれば、いや、これは講師冥利《みょうり》につきるというものです。

4年間、ほとんど休日なく口演して歩いているのは、やっぱり、お客様の声をいただけるから。

憲法の理念を理解してもらいたい、憲法を身近に感じてもらいたい、という、弁護士としての衝動《しょうどう》であり、やりがいなのだと思います。

法律専門家として

私とは逆に、プロの落語家さんで、憲法を題材に噺をなさっている方もいらっしゃいます。法律は専門外の方ですので、その点では自由に言える気楽さがあるかもしれません。

私の方はといえば、法律の専門家として、不正確な言葉は使えない……。

ま、国会では、弁護士資格のある大臣が、「戦闘」と言うと角が立つから「武力衝突」と言うんだ、とか言葉を好き勝手に使っていますが、私のような、しがない普通の弁護士は、法律用語が飯のタネですから、ないがしろにはできません。

かつて「踊る大捜査線」の映画の冒頭、主役の織田裕二さんが逃げる犯人に追いついて手錠をかけるカッコいいシーンがありました。

そこで一言。「傷害未遂《しょうがいみすい》で逮捕するッ！」

これにはがっくり……。

「傷害未遂」っていう罪名はないんですねぇ。傷害未遂は、「暴行罪」に当たる、と言われています。

「刑法にない罪で逮捕しちゃだめでしょう？」と思わず弁護士スイッチが入ってしまう。映画を楽しめばいいのに、職業病みたいなものですね。

かように、法律家という縛《しば》りの中で笑いのネタをつむいでいくのは、なかなか大変です。

自民党改憲草案という悪い冗談みたいなものを、あの政党が本気で提案してこなければ、挑《いど》む気持ちにもならなかったし、できなかったと思います。

自分らしく生きよう

ドラマなどには、「異議《いぎ》あり！」というセリフしか言わなさそうな、いかにも、という感じの鋭い目つきの弁護士とか、事件と聞いてコートを着ながら飛び出す刑事とか、暗い目をしたニヒルな感じの犯人などが出て来ます。

現実世界は、ステレオタイプの人ばかりではありません。もっといろんな人が、いろんな生き方をしています。

私のような人間が弁護士なのが現実です。お笑い芸人やコンビニ店員をしながら、素晴らしい小説を書く人がいるのも現実。

あるがままを、あるがままに受け止める。

それが個人の尊重ということ。

♪レリゴー、レリゴー……だってもう自由よ〜♪

「アナと雪の女王」の歌を聞くたびに、これは憲法13条の歌ではないか、と思うんです。

法律と憲法の深い関係

現行の日本国憲法は、国民一人ひとりが他人の人権を侵害しない限り、自由に、好きなように生きていい、と謳《うた》っています（日本国憲法13条参照）。

人権の侵害を分類したのが、殺人罪や詐欺《さぎ》や窃盗《せっとう》など、刑法が定める「犯罪」です。

刑法は、犯罪をした人には、国家がこんなお仕置きをするぞ、と定めて国民に知らせ、そんなことはしないようにと告げているのです。

民法は、人権と人権がからみ合って、本人たちではそう簡単に決着がつかないときに、できること、できないことをガイドする、国家による回答集です。

大学1年生で民法を履修《りしゅう》すると、すぐに教わるひっかけ問題みたいなことがあります。

隣の家から自分の庭に伸びてきた枝の実をとってもよい、○か×か。また、隣の竹やぶから自分の庭に伸びてきたタケノコをとってもよい、○か×か。

前者は×、後者は○です。枝の実は隣の土地の産物なのに対して、タケノコは自分の土地の産物だから、というのが理由です。

そんなのおかしい、と思う方もいるでしょう。でも、法律を国家が決めるのには、背景があるわけですね。タケノコの例は、「自分の土地」を重視する、日本人の気質や習慣が法律に反映されているわけです。

刑法や民法といった法律を支え、法律全体を支えている大黒柱が憲法秩序《ちつじょ》です。

憲法秩序とは、つまり「個人の尊重」のために構築された国家、ということです。

どうです？

あなたという国民がいて、そのあなたが好きに生きられるよう、国がある。

この順序は、逆にはできません。国に奉仕するために、国民がいるわけではないのです。

国民の自由な生き方を支える、そんな憲法ワールドを、これからあますところなくお話いたしましょう。

どうぞ最後までお付き合いくださいませ。

第1章　東へ西へ

金物の町、兵庫県三木市

旧暦の節句には咲く桃の花（山梨県笛吹市）

葉桜や5年目の春フクシマの句（東京都北区　俳人9条の会）

朝東風《あさこち》やターミナルにも海鳥が（兵庫県洲本市）

一　本当に怖い緊急事態条項

人権停止の宣言

2015年、参院選後の改憲のターゲットとして、緊急事態条項（自民党改憲案第9章）が急に浮上してきました。

2012年10月に自民党改憲草案が公表された直後から、私は、「これはダメ！」と言い続け、拙著『八法亭みややっこの憲法噺』の中でも、アベさんがいかに民主主義が嫌いかよくわかる、と批判してきました。

「まだ言うか」といいまいましく思いつつ、あらためて内容の危険性を解説します。

まず、「緊急事態」の宣言は、内閣総理大臣が発します（草案98条1項）。

そうすると、内閣は、

①法律と同一の効力を持つ政令を制定したり、

②財政支出その他の処分をしたり、

③地方自治体の長に指示を出したり、
できるようになります（草案99条1項）。

その上、緊急事態の宣言は、「国民の生命、身体及《およ》び財産を守るために行われ」、何人も「国その他の公の機関の指示に従わなければならない」（同３項）ことになります。

おわかりでしょうか？　例えば、こんなことです。

実効性のない「国会承認」

１９４５年8月2日夜半、私の地元・八王子市は空襲を受けました。焼夷弾によって市街地は火の海に。逃げる人々は浅川にかかる橋に殺到しました。そのときです。警防団の人たちが逃げる人々を押し返し、怒鳴る。

「逃げるな！　火を消せ！」

警防団員らは、市民に「防空法」による消火活動をさせようとしたのです。ＮＨＫ朝ドラ「ごちそうさん」で、ヒロインの夫（大阪市職員）が、市民に対し「逃げろ」と指示したために、責任を問われて大陸送りになった、あの法律です。

今は「防空法」はありません。しかし、緊急事態宣言が出されると、内閣はそれと同じ効力を持つ政令を発することができ（①）、市民はそれに従わなければならなくなる（③）、ということです。取締のための臨時職員を雇う費用も計上できます（②）。

これは、内閣が「狼が来たぞ、それ、緊急事態だぞ」と宣言したら最後、「公益」のためにあらゆる人権が停止される、ということにほかならないではありませんか。

緊急事態宣言には、国会の承認が必要とされてはいますが、それは宣言を出した〝後〟でもよく（草案98条2項）、緊急性があることを前提に、5日というごく短い期間で「衆議院の優越」が認められることになります（同4項）。

すなわち、予算や条約の場合は、議案を受け取ってから参議院が30日以内に議決しないとき、衆議院の議決が国会の議決となるのですが、緊急事態宣言の事後承認の場合は、5日以内に議決しないと、衆議院の議決が国会の議決になってしまいます。

衆議院での安定多数を誇る今の与党なら、やりたい放題ができる、ということです。

本当に「緊急」か？

どれが緊急事態になるかもポイントです。

「まさか、そんな大事なことをいい加減に決めるはずがないじゃありませんか」とアベさん側は言うでしょう。

どうして信じられましょうか。

仮に緊急事態かどうか判定する第三者機関を置くなどといっても、なお信じられません。これまで政権の主要ポストを自分の「なかよし」で固めてきたのが、アベさんです。甘利明さんがちょうど暇になったから（当時は、ＵＲへの口利き疑惑の後、急に病気療養に入っていた）、緊急事態判定委員に任命しようか、などと考える可能性は高い。

中国が防空識別圏を設定した、とか、北朝鮮がミサイルを発射した、というたびに、「緊急事態」とされる危険性があると思います。

戦争法制の下では、自衛隊が海外で殺傷する危険性があります。その結果、報復の連鎖によって、日本が他国から武力攻撃される危険性も高まります。

アベさんは、自ら緊急事態を招きやすくしておいて、それを口実に、人権を無視できるようにしているのです。酷いことです。

災害対策には全く必要ない

２０１２年当時は、「地震等による大規模な自然災害」に対応するため、緊急事態宣言が必要だと大きく打ち出されていました。もとより、東日本大震災を念頭においてのことです。

震災時の政府（当時は民主党政権）の右《う》往《おう》左《さ》往《おう》ぶりは、検証会議でも厳しく批判されているところです。

政府がうまく対応できなかったのは、何も憲法に緊急事態の定めがなかったせいではありません。

今、東日本大震災の被災者支援や復興支援に従事している弁護士たちは、「制度は十分整っていた」と指摘しています。「政府を始めとする行政が非常時の備え、日頃からのシミュレーションを怠《おこた》っていたところに原因があった」と。

私は、行政の怠慢《たいまん》を棚に上げて憲法を攻撃することの不当性を訴え、「反省したとは思えない行政に、より好き勝手ができるよう、憲法を変えるなんてお門違《かどちが》いもはなはだしい」と断じてきました。

今や災害対策は後景に追いやられ、自民党が震災さえ改憲の口実に利用したことを表していると思います。

国民の声の弾圧にも

改憲案98条には、「内乱等による社会秩序の混乱」も挙げられています。

たとえば、戦争法反対の国会前行動などが該当するとして緊急事態とされるかもしれない。

震災という国民の不幸につけこんで、自分の目的を果たそうとする、現政権の心根を、私は心底憎みます。

二「当たり前」……なの？

国旗に会釈《えしゃく》

２０１６年2月、東京都教職員組合江戸川支部女性部のお招きで、口演をさせていただきました。

私の憲法噺の中には、都教委のいわゆる「10・23通達」を批判するくだりがあります。この通達は、儀式的行事において、教職員に国旗掲揚《けいよう》・国歌斉唱《せいしょう》を義務付けるものです。当事者が聞き手と思うといつもより力が入りました。

口演の後の交流会のときに、「今や、登壇するときには舞台に掲揚してある日の丸に会釈しよう、という声が、職員の中からも上がる事態になっている。反対しようとしても、『当たり前でしょう？』と言われると、言い返せない」との発言がありました。

情けない！　なぜ言い返さないの？

きかん坊の私の血がざわざわと騒ぎました。

私には当たり前じゃない

私なら、「あなたには当たり前でも、私には当たり前じゃないわ」と、にっこり笑って答えると思います。なぜ私にとっても当たり前と言えるのか、あなた言ってみなさいよ、ということです。

笑い話のようですが、弁護士である私に向かって、「ほら、憲法って何だか難しくてとっつきにくいじゃないですか？」と同意を求める無邪気な人がたくさんいます。「いえ、私はそうは思わないです」と笑顔で応えると、あっ、と気づいた様子で、「弁護士さんですものね」と照れ笑いなさるというのが、毎度のことです。

「当たり前」はその人、あるいは、その人の属するいずれかのグループがそう思っている、というだけのこと。

「当たり前」というのは、違う価値観の人がいるかもしれないという、謙虚《けんきょ》さを忘れた物言いだという気がしてなりません（私は近頃とんと使っていませんでした）。

少数派を許容する

子どもにとっては、自分の家族が最初の「世界」です。それが、隣近所、親類、保育園・幼稚園・学校……と徐々に「世界」が広がります。いろいろな人、家庭、価値観があることを知っていきます。茶道の家元の家に生まれた方が、幼稚園に行って初めて「よその家ではお抹茶飲まへんのやって」とびっくりした、という話を面白く聞きました。歌舞伎《かぶき》役者のお子さんが、幼稚園のお遊戯《ゆうぎ》会で「こんな子ども騙しに付き合えるか」とばかりにふてくされていた、という話も、多数派に対する少数派の驚きを表していると思いました。

茶道や歌舞伎なら「あのお家は特殊」ということで、一目置かれることで済まされるのかもしれません。でも、人にはいろいろな個性があります。ノーベル物理学賞を受賞した梶田隆章《かじたたかあき》さんは、子どもの頃、鉄腕アトムよりお茶の水博士が好きだった、と聞きます。少数派だったろうと思います。

「あなたの当たり前が私の当たり前とは限らない」。多様な、国籍・人種・宗教が混在するアメリカなどは、それこそが当たり前でしょう。日本では、その意識が弱い。あるいは、同質でないことを厭《いと》う傾向が強いのかもしれません。そろそろ「当たり前に」、肩肘張らずに、個を主張できるようになってほしいと思います。

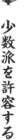

人権感覚を磨く

とはいえ、各人が「これは当たり前」と思い込んでいると、そうでない人の存在を想像するのは難しいでしょう。私の実体験を話します。

私は、離婚後に法律事務所の事務員として働きながら、干支が一回り下のような人たちに混じって受験勉強をし、司法試験に合格しました。勉強のブランクはあるし、いろいろ苦労はありました。

司法試験に受かると、司法修習生として勉強します。一定期間、全国の地方裁判所に配属され、実務研修として、裁判所・検察庁・弁護士事務所それぞれで、見習いのような経験をさせてもらいます。

私は、郷里の水戸地裁に配属されました。

その弁護士会での修習のときでした。どこでも修習生歓迎の行事はあるものでしたが、弁護士会は名勝「水戸八景」巡りを企画してくれました。最後に「黄門神社」(言わずと知れた水戸黄門様を祭る神社)に案内されました。きょろきょろしていると、雅楽のような音がして、巫女を従えた宮司が現れ、私たちの頭の上で御幣《ごへい》をシャッシャッと振って、下がられたのでした。その後の懇親会。修習生一人一人に、司法研修所の卒業試験に向けた「合格御守」が渡されました。

他の修習生はお世辞半分にお礼を言っていました。

私は、嬉しくありませんでした。私は、厳しい条件の中でも受かろうと努力してきたのです。最後の詰めを、私の苦労なんか何も知らない、水戸黄門様の功績のように言われたくない。……それでも、初めは我慢していました。

しかし、他の修習生らの反応に気を良くした弁護士が、「毎年この企画は一番評判がいい。裁判所・検察庁は政教分離に抵触《ていしょく》するから、できないからねえ」と得意顔でおっしゃったときに、堪忍袋《かんにんぶくろ》の緒が切れました。

「私は無宗教であることに拘《こだわ》りを持っていますから、このようなことをするなら、あらかじめ教えておいていただきたかった。御守はお返しさせていただきたい」

宴席が凍りつきました。

解氷したのは、高校の先輩にあたる弁護士でした。「そうだよね。クリスチャンの人もいたりするから、そういうこともあるね」。

弁護士ですら、黄門神社の御守を嫌がる修習生がいるとは想像がつかなかったということです。

それぐらいのことに目くじら立てなくても、と思う方が多数派でしょう。でも、私は嫌だったのです。それを尊重してほしい。それだけのことです。

なお、御守を返した私が卒業試験に落ちるのではないか、と地元では相当心配してくれたようでしたが、無事合格いたしました。

私を担当した弁護士から届いた翌年の年賀状に「あなたは恐ろしい人だったのですね」と添書きがあり、思わず吹き出しました。

自分と違う価値観に出会ったとき、拒絶しない、共存する意識が、人権感覚です。拒絶されることを怖れて声を出さずにいては、感覚は磨かれません。あなたの当たり前を伝えることが、憲法を生かす行動の第一歩です。

三　「冤罪」を生まない仕組み

今市事件判決

２０１６年４月８日、宇都宮地裁は、旧今市市で起きた小学生殺害事件で、被告人に無期懲役を言い渡しました。

客観的事実からは犯人と認められないとしながら、自白は信用できるとして、有罪としたのでした。自白だけで有罪としてはならないという憲法38条３項との関係が気になります。

国家（検察官）が犯人だと言って起訴したんだから、やってるんじゃないの？　と思うのが、普通の人の感覚でしょう。

被疑者・被告人を弁護するのは、最初から弁護人にハンデキャップがあります。

国家権力の怖さを知ってもらうため、憲法の適正手続の規定（31〜40条）についてお話ししたいと思います。

刑事ドラマを見られない

弁護士になってから、刑事ドラマを見なくなりました。実際の刑事手続とかけ離れているせいで、ドラマに入り込めないのです。

橋爪功《はしづめいさお》さん主演のドラマ「新・赤かぶ検事奮戦記」シリーズの中で、公判（刑事の裁判手続の呼び名。民事裁判では用いない）中に、主役の柊《ひいらぎ》検事が、「ここで訴因《そいん》を変更し、被告人は無罪、後日、○○（傍聴人の一人）を殺人罪で起訴します」と口頭で述べたシーンを見た記憶があります。

その瞬間、「え〜っ、訴因の変更を口頭でしちゃダメでしょう！（刑事訴訟規則２０９条１項）弁護人、異議を言え。裁判官、見逃すな。控訴審になったら手続違背《いはい》で逆転されるわよ」と画面を指差して口走っていました。ちなみに訴因とは、起訴の理由とされた犯罪事実のことです。

一緒にテレビを見ていた甥《おい》と姪《めい》が、「おばちゃん、ドラマだから。ね、ドラマなんだからさ、興奮しないで」となだめてくれました。あんなことが認められたら、弁護人は有効な防御などできようはずがない。ひどい。不意打ち。怒りは容易におさまりませんでした。

先輩弁護士が、私に、「この前テレビを見ていたら、出廷中の弁護人が、突然、芸妓《げいこ》姿になって『その話は私が宴席で聞きました』とか証人に詰め寄っていたんだが、あれは一体何なんだ？」と真顔で聞いたときは、私が笑ってしまいました。

刑事手続では、遠山の金さんのように、裁判官や検察官が私的に知った材料を突然裁判に出すことは認められていません。

裁判官がもしそのような立場にいたら、裁判に関わることは自ら回避すべきだし（証人として尋問されることはあり得る）、裁判官がまかり間違ってそのような訴訟指揮をしたら、検察官・弁護人とも異議を言わなければならず、裁判官を変えよ、という忌避《きひ》申立もするはずです。その手続が取られずに判決となったら、瑕疵《かし》ある判決として、上訴で覆される運命にあります。

冤罪は国家による犯人捏造

犯罪が起きる。「犯人」が逮捕される。ああ、もうあぶないことはないんだなと安心できる。……そういう心理がはたらくのは自然なことだと思います。

問題は、その心理が「逮捕された人は真犯人じゃないかもしれない」という可能性に目をつむらせることです。オウム真理教をめぐる一連の裁判などを思い出してもらえれば明らかなように、職務上「犯人」の利益を守る弁護人は、必然的に世論から憎まれることも多くなります。

しかし、近年、足利事件、東電ＯＬ殺人事件、布川《ふかわ》事件と再審無罪事件が続きました。痴漢の冤罪事件はまた、「冤罪」が身近にあることを認識させる契機になりました。

私は、布川事件弁護団に参加していました。

私が加入した頃の布川事件は、通常の刑事手続でも、第1次再審でも、最高裁で無期懲役（強盗殺人罪の法定刑は死刑か無期懲役しかない。刑法240条後段）とされた、極めて厳しい状態でした。

物的証拠がなく、地元で暮らしていた被告人ら2人を、事件の日に事件現場に近い場所で目撃した、という複数の「目撃証言」と、被告人らの「自白」が、有罪を裏付ける証拠とされていました。しかし、実際には、事件当日、被告人らは事件現場とは異なる東京にいて、「目撃」はそれぞれ別の日のことだったのです。

8月末の事件発覚から、10月10日に桜井昌司さんが逮捕されるまで、40日以上、小さな集落は犯人がそこいらにいるかもしれない、という薄気味悪さに包まれていました。進展しない捜査に、警察への不満も高まり、警察は喉から手が出るほど犯人がほしい状態で、桜井さんを逮捕しました。

理由は、桜井さんが語ったアリバイが嘘だったからでした。

桜井さんはなぜ嘘のアリバイを言ったのか。当時20歳の彼は、母親に仕事を探しに行くと嘘をついて小遣いをもらっておきながら、その実、遊んでいたために、母親にその嘘がばれることの方を怖れて、母親に話していたことを警察にも告げてしまったのでした。犯人でないからこそ、強盗殺人犯として疑われるよりも、母親の叱責《しっせき》の方が怖かったのです。

その後、本当のアリバイは警察によって握《にぎ》り潰《つぶ》され、思いもかけない「目撃証言」が作りだされていきます。「それは別の日だ」という訴えも、犯人のらちもない言い訳としてとりあげられません。

布川事件では、昭和42、43年当時最新鋭とされた録音テープの存在が、有罪を裏付ける有力な「科学的」証拠とされました。

第2次再審では、そのテープの音の波形の断裂から、編集された可能性が指摘され、録音された自白の信用性が否定されました。

足利事件は、決定的証拠とされたＤＮＡ鑑定の信用性が否定されたことによって無罪となりました。

「最新鋭の科学的証拠」でも、扱う人が操作してしまえば、間違った犯人を作る道具になってしまいます。

刑事訴訟法の改悪を危惧する

そもそも適正手続の条文は、旧憲法下で特高警察による不当な逮捕や拷問などの人権侵害が横行した反省から、特に、法律よりも高次の憲法に置かれているのです。

２０１６年、部分的な可視化や、密告すれば自分の罪を軽くできる司法取引、警察による盗聴をより広く認める刑事訴訟法改悪案が、国会で通ってしまいました。

今市事件ではまさにこの一部だけの録音・録画が、有罪認定の論拠《ろんきょ》とされました。布川事件の録音テープ同様、警察に都合のいいところだけを使われたかもしれません。冤罪の危険を増やす「改正」には、桜井さんも弁護団も強い危惧《きぐ》を覚えています。違法な運用がなされぬよう、注視しなければなりません。

だんだん出世？

第2章　汗だくで

伏見稲荷

走り梅雨降り出す前の濠めぐり（島根県松江市）

冷やし飴異国の言葉聞きながら（京都市伏見区）

校庭を覆い尽くせし夏の草（熊本県天草市）

四　裁判所よ、しっかりしろ

ハンセン病隔離政策

読者の皆さんは、ハンセン病問題、つまり、「らい予防法」による患者隔離《かくり》の実態をご存知でしょうか？

私は、ハンセン病国家賠償請求訴訟弁護団の一員でした。私が弁護士登録をした２０００年秋は、熊本地裁におけるハンセン病国賠訴訟の最終局面でした。翌年5月11日、熊本地裁は、画期的な原告側全面勝訴判決を言い渡し、同月25日、国側の控訴断念を受けて同判決が確定。……こう書いただけで、当時の不安と歓喜の怒涛《どとう》の日々を思い出します。

「らい予防法」という法律の下、「無らい県運動」というものが推奨《すいしょう》され、全国でいわば患者狩りが行われました。

患者を出した家は屋内外が真っ白になる程消毒薬を撒かれ、人々に「恐ろしい伝染病」というイメージを植え付けました。患者は、患者専用の（家畜を運ぶのと変わらないような）列車や船で療養所に収容、以後、死ぬまで隔離されました。

戸籍から抹消《まっしょう》されるケースもありました。名称こそ国立ハンセン病「療養所」ですが、内実は、収容所と言いたいようなもので、日々の食事や洗濯・清掃などの作業や重症者の看病などを患者がまかなっていました。伝染病なのに、遺伝病だとして、結婚するには断種が強制されました。

概要しか書けません。とにかく、患者の存在など国辱《こくじょく》だとして、生かしておくだけありがたく思え、という姿勢の法律でした。

1947年頃から特効薬が投与され、1960年にWHOが外来治療の方向を勧告するなど、ハンセン病が治る病気とわかった後も、隔離は続きました。らい予防法は、1996年3月、同法の廃止に関する法律が成立したことにより、やっと廃止されました。それでも、隔離は続けられていたのです。

私の体験

修習生のとき、群馬県草津にあるハンセン病療養所栗生楽泉園《くりうらくせんえん》を訪問したのは、「何か問題になっているけど、私の周囲にそんな病気の人いなかったから、知らなくても仕方ないんじゃないのかな。病気で顔や手足が変形した人を前にして、自分はどう感じるのだろう?」という、まことに不謹慎《ふきんしん》ながら、怖いもの見たさのような思いからでした。

確かに、重症者は容貌《ようぼう》に特徴がありました。らい菌は、いまだに純粋培養ができないほど、熱に弱いのです。そのため、体温が高い体幹は冒されません。顔・手足などに神経症状が出ます。症状は糖尿病の重症者に似て、目が見えなくなったり手足の変形が生じたりするのです。目が見えず指の感覚がない患者さんは、点字を舌で読む「舌読《ぜつどく》」を会得していました。

それでも意外に、私は平気でした。容貌は多少変わっていても、話をすれば個性が違って面白かったからです。

真面目な人、やんちゃな人……。見た目だけで一生涯隔離するなんて。

私の胸に義憤《ぎふん》が湧きました。

近所にハンセン病の人がいなかったのは、当然なのです。無らい県運動で無理矢理療養所に連れて来ていたのですから。私と同じ茨城県出身の方がおられ、懐かしがっていただいて、胸が塞《ふさ》がる思いでした。

ハンセン病「特別法廷」の検証報告

2016年4月25日、最高裁は、ハンセン病患者に対する「特別法廷」の問題について、検証報告書を公表しました。

最高裁は、昭和23年から47年までのあいだ、裁判所法69条2項にもとづいて、患者に関する裁判をその療養所内の「特別法廷」でしてよいと指定していました。

それが、憲法に定められている裁判の公開原則に違反したのではないか、という問題です（憲法37条1項の刑事被告人の公開裁判を受ける権利、同82条1項の対審・判決の公開原則、同14条の平等原則）。

冒頭の報告書の結論は、憲法違反ではないが、謝罪するというお粗末なものでした。

この謝罪の対象は「昭和35年以後は、『特別法廷』をする必要はなかった、最高裁事務総局が漫然《まんぜん》と従来の扱いを許してきたのは、裁判所法69条２項違反だった」という点に限られています。

悪者は、裁判官会議に諮《はか》らなかった事務総局とされました。

憲法違反の点については、裁判は療養所内で行ったが、下級裁判所が、裁判所の掲示板および開廷場所（この場合は当該療養所）の正門等に告示を行ったから、入る気があれば傍聴人も入れたから、公開原則には反しない、という判断でした。別の場所で開廷する必要がそもそもなかったというのに！

患者団体が、まだ差別意識が払拭されていないのではないか、と不信感を表明したのは無理もないことです。担当裁判官自身が、患者を怖がり、近づこうとせず、さっさと判決にしたい様子だったことを、患者らは忘れていないのです。

報告をまとめた有識者委員会のメンバーである石田法子弁護士は、そのような運用を阻止できなかった弁護士会にも責任の一端がある、と表明しました。

国策としての社会的偏見が渦巻く中で、人権の守り手としていかにあるべきか。ハンセン病事件は、私にいつも、弁護士としての原点を思い出させてくれます。

人権の砦としての矜持を

最高裁には、3年前にもがっかりさせられました。2013年に開示された米国の文書によって、砂川事件における「統治行為論」という憲法判断回避の理屈は、田中耕太郎元最高裁長官（当時）が米国側の要請に応えたものと知れたのです。私は「騙された！」と大ショックを受けました。

わが業界のことながら、国家の三権分立の一角、司法の最高権威として、最高裁にはもっとしっかりしてほしい。

2016年4月26日、私も代理人に名を連ねる安保法制違憲訴訟（東京）が提起されました。具体的権利侵害がなければ憲法判断をしない法制なのは百も承知の研究者や弁護士（元裁判官も多数）等が、この違憲の法律を腹に据えかね、多くの市民と共に提訴に至りました。裁判所よ、逃げるな、受けて立てよ、という思いです。

私の名前

名前をよくまちがわれます
落語家の飯田美弥子さんです
それは本名です
弁護士の八法亭みややっこさんです
それは芸名です
八法亭みややっこと飯田美弥子さんです
よくできました
三遊亭八方さんです
誰のことっ!?

五 「中立」の研究

「厳しい目を持った第三者」？

政治資金の私的流用、および、視察や公用車をも私的満足のために使っていた疑惑で、都民から激しい批判を浴びた舛添《ますぞえ》東京都知事（当時）。早い段階で、弁明を回避し、身を守るために選んだのが、「厳しい目を持った第三者の調査結果に委《ゆだ》ねる」という手段でした。

ご存知のとおり、当の弁護士らによる調査の結果は、「不適切な部分もあったが、違法ではない」というもの（２０１６年6月6日会見）。

都民の怒りに油を注いだだけでした。

ただ、私を含め、弁護士のほとんどは、この結論を予想していたと思います。何しろ、調査を依頼したのは舛添氏。弁護士からすれば、舛添氏は「依頼人」です。

弁護士＝中立、ではない

弁護士には、職務として、依頼人の利益を守るという「誠実義務」と真実に忠実であれという「真実義務」が課されています。この関係は、簡単ではありません。

司法研修所では、「刑事弁護を依頼してきた被告人が、自分は真犯人だが、無実を主張したいと希望した場合、弁護人としてどうすべきか」という問題を討論したりします。

辞任する人もいるでしょう（その場合でも自白内容は秘匿すべきこととなります）。ダメもとでも本人の意向に添《そ》うという選択をする人もいるはずです。説得して自白させるべきと考える人もいそうです。

弁護士とは、そういう職業なのです。

だから舛添氏のケースでは、元検察官（いわゆる「やめ検」）の弁護士の仕事は、「刑事的に違法でない」とタイミングよく宣言することでしかあり得ませんでした。

都民の怒りの焦点《しょうてん》に思い至らない、底の浅い茶番というべきでした。

舛添氏は、自分が依頼した弁護士のことを、問題となっている事案について「利害関係がなく公正中立の立場の人間」というニュアンスで「第三者」と呼んでいましたが、全くの誤用です。「マスコミなど疑惑を追及する人と自分」以外の人、という意味で使っただけ。正確には、

「代理人」というべきでした。もとより、中立のはずはありません。依頼者の利益を守る職務を帯びた人だったのです。

「中立」の皮を被った「言論弾圧」

さて、この「公正中立」っぽさを自分の利益のために使うということは、舛添氏の発明ではありません。

私は、アベ政権の手法のパクリだと思っています。

事の起こりは、２０１４年11月18日、報道番組「ＮＥＷＳ23」で、景気がよくなったとは思わないという街頭インタビューを流したところ、生出演していたアベ首相が「これおかしいんじゃないですか?」と抗議したことでした。

その月のうちに、自民党は、前記報道が「偏っていた」として、在京テレビ局に対し、「選挙時期（12月14日投票の総選挙）における報道の公平中立ならびに公正の確保についてのお願い」と題する文書を配布。その結果、同年の衆院解散から投票日までの総報道量は、直近10年間の同種報道量の５分の１からせいぜい半分程度にまで激減したといいます。

年度が変わった２０１５年４月、自民党は、ＮＨＫとテレビ朝日の番組内容を事情聴取し、ＮＨＫには総務相が行政指導まで行いました。

２０１６年２月の衆院予算委員会で、高市早苗《たかいちさなえ》総務相が、２日にわたり「テレビ局が政治的公平性を欠く放送を繰り返した場合、電波停止を命じることもあり得る」旨の発言をし、その翌日、アベ首相も、同じ委員会で、先の高市答弁を追認。この春には、同局キャスターらの降板が相次ぎました。

４月、日本における表現の自由の状況を調査するために国連から日本に派遣されたデイビッド・ケイ氏（米カリフォルニア大学教授）は、会見で、「ジャーナリストの多くが、有力政治家からの間接的な圧力によって、仕事から外され、沈黙を強いられたと訴えています」と指摘。アベ政権の「中立」という名目による言論弾圧に対して、国内外の憂慮《ゆうりょ》が広がっています。

中立とは政治権力からの自立

言論の自由の中核は、国家権力を批判する自由にあります。それこそが民主主義の基礎だからです。

権力の座にある政府・与党が自分に批判的な報道を規制するなど、最も忌《い》むべきこと。中立であろうはずがありません。アベ首相が、衆院予算委員会で「アベ政権こそ、与党こそ、言論の自由を大切にしている」と発言したのは、憲法の基礎知識さえ持ち合わせない人が行政の長だという、今のわが国の不幸を世界に知らしめた図でした。

マスコミには、「権力を牽制《けんせい》し、人権を守る」という自らの職責にプライドを持ち、萎縮《いしゅく》しないでほしい。大本営発表を報じるだけのマスコミになり下がらないで、とエールを送りたいです。

公務員の皆さんにも、中立という言葉に惑わされないで、と申し上げたい。

初めて選挙に臨む高校生らが政治談議をしているときに、教師が「先生は中立だから、選挙に行かない」と宣言していた、という話を一度ならず聞きました。

選挙において、公務員としての地位や影響力を利用することは避けるべきです。しかし、職務を離れた「個人」は、憲法によって人権を守られている存在なのだから、投票はもちろんのこと、個人的に親しい人に対して支持を依頼することも本来自由です。

中立とは沈黙すること、関わらないことではありません。主権者教育は、まず自身が選挙に行くという実践から。生徒は先生の背中を見ています。

六　夏の思い出

私がずっと、大切な選挙になると指摘していた参議院通常選挙が、２０１６年7月10日に実施されました。結果は、自民・公明、おおさか維新・日本のこころの改憲4党が、改憲発議に必要な議院の３分の2を超える議席を占めました。

全一人区（32）での野党共闘が実現し、うち11選挙区で共闘候補が勝利するなど一定の前進はあったものの、憲法の危機はまだ続くのか、というのが正直な感想です。でも、改憲派に負けるわけにはいきません。またがんばります。

以下は、私の応援演説のネタです。

「積極的平和主義」批判

戦争法（安保関連法制）が国会で審議されている頃、アベ首相はしきりに「積極的平和主義」という言葉を使いました。

それは要するに、海外の紛争地で自衛隊員が犠牲になれば、本土に暮らす国民はより安全になるのだ、ということでした。もっとも、アベ首相は、自衛隊員も後方支援で兵站《へいたん》などの作業に従事するだけだから安全だ、と言っていましたが、嘘です。

敵の背後や食糧補給路を襲うなどは、源平合戦の昔から行われている戦術（一の谷の合戦）で、後だから安全などというのは絵空事。石破地方創生大臣（当時）は、「アメリカの青年が血を流しているのに、日本の青年が血を流さないのはいかがなものか」と言ったものですが、そちらが本音。自衛隊員が血を流すことは織り込み済《ず》みなのです。

２０１６年11月以降、南スーダンへの派遣が日程に上るようになり、派遣される北海道や青森の部隊とその家族のあいだでは動揺と不安が広がっています。彼らは憲法９条の下で「専守防衛」のつもりで自衛官になったのですから。

さらに、自衛隊員さえ犠牲になれば国民は安全というのも嘘です。バングラデシュでのテロからもわかるとおり、在外邦人の危険性は、集団的自衛権容認の閣議決定や戦争法の成立を受けて高まっています。日本国内が危険になることは、アメリカを見ればわかるとおりです。

国民を危険に曝《さら》す、集団的自衛権行使容認の閣議決定と戦争法は、速やかに廃止させなければなりません。戦争法に合うよう憲法を変えようとする勢力に、ＮＯの審判を下しましょう！

アベ首相は、選挙戦に入ると憲法問題を語らなくなりました。今回の選挙は憲法を変えるかどうかだけが問題で、どの条項を変えるかは選挙後に検討に入るというのです。

アベさんは、そもそも、内閣総理大臣は三権分立のどこの長かという問題に、「立法府」と答えてしまう、憲法の基礎知識のない人です。そんな人に憲法を語ってほしくないですが、先の思考順序はどう考えてもおかしい。どの法律のどの条文がどう不都合だから、こう変えましょう、と話が進むのが法律家の常識です。

たとえば、２０１６年12月、民法の女性の再婚禁止期間が半年もあるのは長すぎる、違憲である、との最高裁判決が出て、先の国会でその期間が１００日に短縮される。あるいは、かつて、刑法に尊属殺重罰規定という条文があり、子どもが親を殺したときは、選択できる刑が無期懲役か死刑しかなかった。それが、実の父親にレイプされ、子どもまで産んでしまった娘が、親の元では人間らしい生活ができないと思い余って親を手に掛けた。そんな場合でも、無期懲役か死刑しか選べないのは苛酷過ぎるとし、条文が違憲とされ、やがて条文が削除されました。

このように話が進むのが、普通なんです。法律を変えることをまず決めて、具体的にどこを変えなきゃいけないかは後で探しましょう、こんなバカな話はありません。

アベさんがあえて具体的条項を言わないのは、とにかく、どこでもいいから、憲法を変えたい。地震があれば、緊急事態条項を入れなきゃ、と言い、２つの県から1人しか議員を出せない「合区」という選挙区について批判が出ると、憲法変えなきゃいけない……ええっ、選挙法変えればいいだけでしょう？　と思いますが、そんなことまで憲法のせいにする。どうしてそこまで憲法を目の敵にするかと言えば、アベさんのやろうとすること、やりたいことの前にことごとく憲法が立ちはだかって邪魔をしているからに違いないのです。

たとえば、自民党改憲草案には国防軍の定めがあるのです。戦争行きたくないと尻込みする人たちに刑罰を科すために国防軍に審判所を置くことにもなっています。それをするには、憲法9条が邪魔。

私が皆さんの前でこうした演説ができるのも、憲法が「表現の自由」（21条）を保障しているからですが、自民党案では、「公益および公の秩序」違反は制限できることにされている。

アベさんは批判されるのが大嫌い。「アベノミクスの実感がない」という街頭インタビューを放送しただけで「偏っている」と生放送中に怒り出した人です。偏った放送を続けるテレビ局は電波を停止することもあり得るという脅しを掛け、この春には、複数の放送局のキャスターが降板しました。しかし、それ以上は、報道の自由・国民の知る権利が立ちはだかって自由にできない。

変えるべきは憲法ではありません。自公政権、首相の首を変えるべきときです。憲法を、国民を大事にする政治へ転換させましょう！

第3章　酒旨し

善光寺、大仏地蔵と鳩（膝の上）

秋高し大仏地蔵に鳩憩《いこ》う（長野県長野市）

秋の夜に藤村《とうそん》偲ぶ名掛丁《ながけちょう》（宮城県仙台市）

キオスクにもってのほかを見つけたり（山形県天童市）

七　出場辞退は当然ですか？

一部の部員の喫煙で出場辞退

２０１６年、夏の甲子園には八王子高校が市で初めて出場し、わが地元を湧かせてくれました。

さて、その高校野球の地方予選。九州は佐賀で、準決勝戦を3日後に控えた朝に、野球部の部室で火災が発生。幸いぼや程度で消し止められたものの、煙草の火の不始末が原因とわかって、さあ、大変。出場登録メンバー2人を含む4人の部員が喫煙したことを認めたため、準決勝を辞退する、という出来事があったそうです。

優勝まで「あと2つ」のところで戦う機会を失い、去年の先輩に続け、と甲子園を目指してきた3年生の中には泣き崩れる生徒もいた、と新聞は報じました。

私は、熊本のA弁護士のネット上の書き込みで、この件を知りました。テレビのワイドショーで、出場辞退という決定についてどう思うか、とアンケートを取ったところ、「辞退は当然」という意見が大半だったことに驚いた、とA弁護士は書いていたのでした。

私には、Aさんの気持ちがよくわかります。

個人の尊重（憲法13条）から出発するわが法体系にあっては、民法も個人責任主義（民法４１５条、同７０９・７１０条）が大原則です。例外的に他人の行為について責任を問われるのは、未成年者らの監督者（同７１４条）や使用者（同７１５条）という定めになっています。それも、監督を怠ったという監督者や使用者自身の行為が非難されるのです。

自ら手を汚さない者でも、首謀者や教唆《きょうさ》した場合、喧嘩しに行きそうな人に金属バットを持たせるなど幇助《ほうじょ》した場合も、なにがしかは関与行為をしたということで、全体の責任を問われることがあり得ます（同７１９条）。

法律の場面では、全く関与していない人にまで責任を問う、という意味で「連帯責任」という言葉を使うことはありません。だから、チーム全体として責任を取る、という判断には、頭がなじまないのです。

学校と生徒の関係

なぜ、高校の野球部員だと「連帯責任」を問われるのでしょうか？　まず、学校と生徒とはどういう関係なのか、を見てみましょう。

かつて、公立学校の生徒は、学校と生徒という関係から、一般市民よりも濃密な公権力の規制を受けても仕方がない、という理屈がありました（特別権力関係の理論）。在監者も公務員も、特別権力関係だとされました。

しかし、「特別権力関係です」と言った途端《とたん》に、人権制限が自由にできるのはおかしいとの批判が高まり、現在は、それぞれの関係はどういう目的から設けられているのか、制約される人権は何か、制約の態様はどのようなものかを具体的に検討して個別に判断すべきだ、という立場が定説になっています。

私立学校の場合、最初から特別権力関係ではありません。私人である学校と私人である生徒の契約関係に帰着されます。憲法が私人の間《あいだ》にどう効力をおよぼすか（私人間効力《しじんかんこうりょく》）の問題になります。

結局、公立高校でも私立でも、学校と生徒だからという理由だけで、個人責任という大原則を破って「連帯責任」を問うのは困難です。

団体競技なら連帯？

そうすると、次には「野球は団体競技」という、競技種目そのものの特殊性が問題になることでしょう。

実際、そういう書き込みもありました。「野球は一丸となって勝利を目指す競技なんだ。『連帯』でないというのは、団体競技をしたことのない人たちの言い分」と。

確かに、私には体操部と落研に所属した経験しかありません。でも、現に泣き崩れた野球部員がいる以上、「団体競技なら当然」では済ませられないと思います。

そうです。試合の勝敗はチーム全員が受け止めなければなりません。投手の指のマメのせいでも、一野手のタイムリーエラーのせいであっても、敗戦は敗戦としてチーム全員で受け止める。それは、団体競技という性質上やむを得ない（法的には「内在する」などと言います）結果です。

しかし、そのことから直ちに、不祥事《ふしょうじ》まで「連帯」して責を負う、という結論は導けません。

２０１２年８月、ある高校の野球部員（登録メンバーでない）が女性を襲った強盗等の容疑で逮捕された事案で、当該学校は甲子園大会の出場を辞退せず、日本高等学校野球連盟も「過去の例からみても、部活動外の個人の不祥事で出場を差し止めたことはない」として出場停止にしなかったため、無事に試合をしたことがありました。「連帯責任」はルールでもないのです。

より制限的でない手段の模索を

判例の判断枠組みにあてはめてみましょう。

問題となる人権が何かといえば、部活動は教育活動の一環ですから、大会出場も、日頃の練習の成果を発表すべき機会として教育を受ける権利（憲法26条1項）の大事な一場面です。観客の存在を考えれば、自己表現（同21条）の場でもあります。

辞退という制約方法は、高3の夏という二度とない機会を完全に奪う、強烈なものです。人権の行使をシャットアウトする、このような手段が許されるには、よほど強力な正当化根拠がなければなりません。

団体競技だから、チーム一丸となって勝利を目指す種目だから、という抽象的な根拠では全く不十分です。

ゆえに、この件は違憲の疑いが濃厚なのです。もし、泣いた部員が私に相談してくれたら、憲法訴訟を起こしたい気持ちが動きます。

ただ、訴訟といういわば外から決着をつけるのが最善とは思えません。部活動にたずさわる人たちのあいだで、自発的に「より制限的でない他の手段」が模索されてほしいと思います。

八　ヘイトスピーチとマネキンフラッシュモブ

規制させたいけど、されたくない？

神奈川県は、一体どうなっているんだろう。え、何がって？

川崎市では、私の仲間たちが、ヘイトスピーチを止めさせるべく、カウンター（反撃）デモやヘイトスピーチ規制法制定のための活動をしてきたというのに、海老名市では、マネキンフラッシュモブ（服装を統一した人たちがプラカードを持って人形のように動かずにいるアピール方法）を規制する市の命令が、表現の自由を侵害して違憲だと、これまた私の仲間たちが、訴訟を起こしたという新聞報道があったのです。

一方では、ある表現行為を規制しろと活動し、他方では、また違う表現行為について規制するのはけしからん、と争う……。皆さん、この違い、わかります？

表現の自由　初級～中級編

先の2つの事例が、行動（集会・デモ・ポーズ）を伴う表現の自由の問題であることは、わかっていただけますね。

そのうち、ヘイトスピーチについて、川崎市は「表現内容を理由にした制約はできない」としてこれを規制せず、逆に、フラッシュモブについて、海老名市は「外形的な表現方法についての制約だから、してもよい」という立場で規制した、という点が、そもそもの発端《ほったん》です。どこがどう違うのか、ちょっと丁寧に解説しましょう。

①表現の自由の特性

表現の自由は民主政の基礎ですが、一度侵害されると反対意見が社会から締め出されてしまう結果、復元が困難になる。つまり、傷つきやすく脆《もろ》いという特性があります。

日本にも、戦前、新聞紙条例・集会条例・治安維持法などによって、軍国主義批判が封殺されたという、苦い経験があります。

それ故、表現の自由の規制が許されるかは、厳しく審査されなければならない。これが大前提です。

②表現の自由の類型

次に、表現の自由の規制には、２つの類型があることを知ってください。

１つは、表現内容を理由にする規制。もう１つは、表現内容には関知せず、表現方法を問題にする規制です。

前者の場合、それが合憲か否かを判断するには、①その規制をしなければ、近い将来（切迫性）、重大な害悪が引き起こされる蓋然性《がいぜんせい》が高く（重大性）、②その害悪を避けるためにその規制が必要不可欠か、という最も厳格な基準（「明白かつ現在の危険」の基準）が用いられます。

戦前、百人一首が軟弱だとして禁止されたことなどは、右記の基準から言えば明らかに違憲です（恋の歌の札を取り合うからといって、直ちに反戦思想を持ち、国家転覆《てんぷく》を図るとは到底考えられませんよね？）。

後者は、時・所・方法の規制が主になるため、合憲かどうか判断する基準は、内容規制に比べれば緩やかでよい、とされてきたのでした。

③神奈川県の２つのケース

川崎市の場合は、「内容規制に当たるから、表現行為に手が出せない」といい、Ｅ市の場合は、「時・所・方法の規制だから、処分を命じてもよい」という理屈です。

表現の自由　中級～上級編

このように見てくると、川崎市と海老名市の対応は、それぞれに一見理屈が通っていそうです。

しかし、しかし、しかしなんです。

表現内容に関しては何でもかんでも触れてはいけないのかというと、そうではありません。すぐに思い当るのは、わいせつ行為（刑法174条）や名誉棄損行為（同230条）の禁止です。名誉棄損行為については、公共に関する事実で、真実と証明可能なものを、公益のために実行した場合は違法としないという特約があります（同230条の2）。議員の不正を暴く行為を思い描けば、この特約が民主政を守るために持つ意味がわかるでしょう。ただわいせつなだけ、ただ他人の名誉を棄損するだけの表現は、憲法も保護しない、ということです。

この頃は、商業広告の規制も許容されるようになっています。営利目的の表現を規制しても、民主政の過程が傷つけられる危険性は小さいと考えられるからです。

だとすると、もっぱら少数者に対する憎悪感情を表出する行為は、真っ向から個人の尊厳原理（憲法13条）に反する結果、憲法的保護に値しないと考えるべきことになります。

「ゴキブリ朝鮮人は出ていけ」「殺せ」「頭の悪い反日勢力は日本から出ていけ」……こうしたヘイトスピーチは規制可能です！

私の仲間たちの主張が実って、２０１６年5月にヘイトスピーチ対策法が成立。罰則はないものの、既に2回、同法に基づき、デモ中止の勧告がなされるという成果を上げています。川崎市の担当者はもう一歩踏み込んだ勉強をすべきだったのです。

表現のための場

では、海老名市のケースはどうか。

時・所・方法の規制なら緩やかな基準で合憲性を判断してよい、とされるのは、その規制に合理性があるかどうか、内容規制に比べて判断しやすいからだ、とされています。

病院や授業時間帯の学校のそばで街宣車が大音量で長時間宣伝をしては、各業務の妨げになるし、他の場所での宣伝はできるのだから、場所規制は許されます。

デモ隊が道路いっぱいに広がって長時間占拠するならば、交通障害が生じるし、また、デモ隊にも事故などの危険があり得ることから、届出制もやむを得ない面があります。

で、マネキンフラッシュモブです。

場所は海老名駅自由通路。３つの鉄道路線駅から公道に出るために乗降客がどうしても通らなければならない通路だそうです。

道路・公園など一般公衆が自由に出入りできる場所は、本来の利用目的のほかに、表現のための場としての役割も持つが故に、表現の自由の保障を可能な限り図るべきという理論（パブリックフォーラム論）が、いかにもあてはまりそうな場所です。

表現方法は、休日の午後、1カ所当り5分程度無音でポーズをとることを複数箇所で繰り返す、というもの。プラカードを持って立つスタンディングという手法の変形です。場所の占拠を目的とする座り込みや、捨てられた紙が美観を損ねるとされるビラ配布とは類型が違います。

横浜地裁の判決

さあ、海老名市は、裁判で、どんな「実害」を主張したのか。勉強不足を認めて、速やかに処分を取り消すのが市民のためじゃないか、と思っていました。

2017年3月8日、横浜地裁は、市の処分取消を求めた住民らの訴えを認める判決を言い渡しました。市が控訴しなかったため、同判決は確定。私の読み通りの結果となりました。

控え室にて

えー姫路城は駅の反対側なんですか～？
口演後見に行くには足許も悪いので……
と思って私が描いておきました！
バ――ンッ
姫路城が描けないと市の職員になれないんです！
パチパチパチパチ

九　相模原事件と「茶色の朝」

最も衝撃だった事件

２０１６年はリオデジャネイロオリンピックがあり、熊本地震や台風の災害もありました。

２０１６年、私が最も衝撃を受けたのは、7月26日未明、神奈川県相模原《さがみはら》市にある障がい者施設で発生した、障がい者殺傷事件でした。

この施設は、私の地元・八王子から中央線で4駅甲府寄りの、相模湖駅が最寄りです。周辺には、ピクニックランドがあり、夏には花火大会もあります。

そんな場所で、19人もの方が殺害され、26人の方が負傷するという、残虐な事件が現実に起きた……容易に飲み込めませんでした。

命の価値に優劣はない

犯人として拘束されている男は、「重度障がい者は生きていても仕方がないので安楽死させた方がよい」「障がい者は不幸を作ることしかできない」という趣旨《しゅし》の言動を繰り返し、衆院議長公邸に赴いて同趣旨の手紙を託《たく》していたと報じられました。犯人が「社会のために何とかしなきゃいけない」と語る動画さえテレビ放映され、私は吐き気を覚えました。

私には、知的障がい者の従妹Mがいました。子どもの頃は一緒に遊びました。回らない舌でよだれをたらしながら「みやとちゃん」と寄ってくる彼女の笑顔が蘇《よみがえ》りました。

就学免除の通知が来たとき、叔母がどれほど嘆いたか。Mがどれほど寂しがったか。

誰かの命に「価値がない」なんて、誰にも決められるはずがないじゃない。あなたこそ、自分が薬物中毒で社会の厄介者でしょう。一体何様のつもり！

やり場のない怒りに、私の心は悲鳴を上げていました。

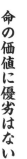

障がい者を生かしておくために、これだけの金と労力がかかる。それに対して障がい者は社会に何が還元《かんげん》できるのか。社会のお荷物なだけじゃないか、という犯人の「動機」が報道されるたびに、きちんと批判のコメントをしてよ、と思いました。

人は、何かの役に立つから生きていることを許されるわけではありません。生きていることに資格は要《い》らない。命そのものが尊い。

そのことをちゃんとわかっていなければなりません。「あんたに命の価値を決める資格あるの？」という論駁《ろんぱく》は、犯人の理屈と五十歩百歩だ、と反省します。そんな資格を持つ人はないのだから。

社会に何が還元できるのか、という観点で分類されたら、身長１５０cm・体重45kg、貧弱な体で、中高年、癌サバイバーで食物アレルギーの私なぞも、中の下かもっと下の分類になるという気がしてなりません。

お年寄りはどうでしょう？ いずれにせよ生命力は衰《おとろ》えて行く一方です。将来に価値が見込めないなら、死んだ方がいいリストに並べることになるのでしょうか？

パラリンピックの競技映像を見ているときにも、身障者の中でも役に立つ人立たない人の分別がなされるのだろうか、と、私は気持ちが沈んでなりませんでした。

「病人」や「病み上がりの人」、「高齢者」、「障がい者」……を、「働き盛りの健康な人」と比べて、優劣をつけること自体が、私には、何か人間という存在の本質に反し、意味のないことのように思えます。

人間、一生ずっと「働き盛りの健康な人」でいられるはずがないではありませんか。

どこに分類するかされるかも程度の差。「これ以下は生存を認めない」線を引くなら、そのラインはいずれ必ず自分に返ってくる。だから、そんな思い上がった行為をしてはならないのです。

まして、その人たちは不幸に違いない、などと、他人に決められるいわれはありません。人は、それぞれ、思い思いの幸せを追求していいのですから（憲法第13条）。

「茶色の朝」が描く社会

２０１６年の夏、重い心を抱えて、劇団俳優座の朗読劇の会に参加しました。戦争を風化させないために、毎年８月に行われている行事なのですが、今年、私は特に「茶色の朝」（フランク・パブロフ作）を聞きたいと思っていました。

「茶色の朝」は、挿絵込みでも29頁ほどの短いお話です。

「茶色の生物が都市生活に最も適しており、子を生み過ぎず餌も少なくて済む」という論拠の下に、ペット特別措置法によって、茶色以外の犬猫の飼育が禁止されるのです。

主人公の「私」とその友人は、それぞれ、茶色でなかった飼い猫と飼い犬を安楽死させます。ペット特別措置法を批判していた新聞・雑誌が発行禁止になります。それでも、「私」とその友人は、茶色の猫と犬をそれぞれ新たに飼い始め、最初からこうしておけばよかったなどと、なおのんきに笑い合います。

ところが、いつの間にか法律が改正され、茶色でない犬猫を前に飼っていたことのある人間も処罰対象にされてしまいます。訪ねて行った先の友人は既に連行されていなくなっていました。翌朝とても早い時間に、「私」の家のドアにもノックの音が……。

法律ができたときに警戒すべきだったんだ、いやだと言うべきだったんだ、抵抗すべきだったんだ……「私」の恐怖と後悔の言葉で話は終わりました。

やり過ごさないこと

規制の対象が、犬猫のうちは……、体制批判の出版社ぐらいなら……、人間でも障がい者ならば……「私」には関係ない、自分は安全だ、と思いたいものです。でも、うかうかしていると、いつの間にか規制の網が自分にも被《かぶ》さってくる。そのときには、抵抗するのがとても難しくなっている、というのは、歴史の教訓です。

障がい者排除の理屈を見過ごさず、命の大切さを訴えよう。そうすることが、私自身の命を慈《いつく》しむことだと信じます。

第4章　人のぬくもり

楽器の街、浜松市

凍《い》てる道懐かしき人に送られて（北海道札幌市）

粉雪の中に迎えの人の影（青森県青森市）

雪被《かぶ》るドラえもんらと家持《やかもち》と（富山県高岡市）

十　国民主権の下での天皇制とは？

新年早々の御公務

年が明けると、皇居では新年を言祝《ことほ》ぐ一般参賀《さんが》が行われます。私の両親と同年代の天皇・皇后両陛下には、新年早々ご負担ではないか、という気がいたします。

２０１６年８月、宮内庁は、年齢のために十分に象徴としての役割を果たせなくなってきているように思う、という天皇陛下のお気持ちを公表しました。

以後、天皇の生前退位の可否について、専門家会議での検討が続けられています。

皇室典範という法律の問題

フジサンケイグループは、右の「お気持ち」を受けて、いち早く「憲法を改正して生前退位を認めるべき」という見解を表明しましたが、とんだ筋違いの立論でした。

皇位の継承については、皇室典範《こうしつてんぱん》第４条に「天皇が崩じたときには」との定めがあり、それ故に「崩じない限り退位できない」と解釈され、運用されているからです。

これを、たとえば「天皇が国事に関する行為ができないときは、皇室会議の議により、退位する」「天皇が退位したときは、皇嗣《こうし》が、直《ただ》ちに即位する」と定めれば、生前退位を認めることは可能です。

個人的には、天皇が執務できないときのために「摂政」（憲法第５条）という制度が用意されているのだから、摂政を置けばいいのではないかという意見でした。

ただ、皇室典範第16条によると、摂政を置けるのは、天皇に「精神若しくは身体の重患」「重大な事故」があるため、「国事行為を自らできない」ときに限定されています。現在の条文では、ご高齢ゆえにご負担を軽くしたい、という今上《きんじょう》天皇のケースにぴったりとはあてはまらない、という問題があります。

また、体力が衰えているとはいえ、寝付いておられるわけではなく、年齢相応にはお元気でおられるのに、来日した国賓らへの対応を摂政任せにするのは申し訳ない、50代半ばにもなる皇太子に天皇という肩書を譲りたい、という今上天皇のお気持ちもわからなくはありません。

ちなみに、生前退位が認められると、退位した天皇（上皇）が存在することになります。日本にはかつて、白河上皇などが院政を敷《し》いた歴史がありますが、天皇ですら「国政に関する権能を有しない」（憲法第４条１項後段）のですから、まして退位した上皇に国政に関して口を出す権能が認められるはずもありません。これも、念のために、皇室典範で上皇の地位および権能を定めれば足りると考えます。

天皇は現人神に非ず

というように、私が考えると、生前退位の問題はさほど難しいことには思われないのですが、ところが、専門家会議の議論では、生前退位は認められない（必ず崩ずるまで天皇という地位にとどまらなければならない）という意見もある、ということに驚かされました。

先に述べたとおり、摂政という制度を有効活用すべきという立場には、私も共感します。だが、そうではなく、「日本国の象徴」としての地位を、人為的に外してよいのか、外せるものなのか、という、天皇制そのものに対する認識の違いに出会って、驚いたのです。

読者の皆さんは、いかがでしょうか?

明治憲法は、天皇制にはタッチできませんでした。憲法は臣民を統治する法律であって（明治憲法3条　天皇は神聖にして侵すべからず、74条1項　皇室典範の改正は帝国議会の議を経るを要せず、他）、天皇家に関わる法律は、憲法から独立して、憲法と並ぶ地位にあった皇室典範がもっぱら規律していたのでした。

天皇は皇祖・天照大神の血統を世襲している現人神であり、その皇位継承は、皇男子孫が継承する（明治憲法第３条）と定められていました。これを受け、旧皇室典範は第２条以下で、嫡系・直系・男子・長子の優先主義を採用しました。

日本の歴史においては、推古天皇や持統天皇など女帝の例もあったものの、江戸時代の家父長制度・家督相続制度を反映した継承順序になったものです。

また、昭和天皇の時代、男子がなかなか誕生しなかったときには、非嫡出子《ちゃくしゅつし》の出生を期待して側室を持つことをすすめる意見もあったところ、天皇御自身がこれを排斥したのは美談であるとして、巷間《こうかん》に伝えられたこともありました。

明治憲法は、幕藩《ばくはん》体制から、「日本国」として臣民全体に家父長的一体感・統一感をもたせるため、天皇の法的地位を強烈に高めた、と言えると思います。

その統制方法は不幸にして大いに成功してしまいました。「御国のために」と出征し、「天皇陛下万歳」と叫んで死ぬのが、日本兵の美徳とされました。

かつて、天皇が病気の治療で手術を受けなければならないときにまで、「玉体にメスを入れていいのか」と御前会議が行われたという話も伝わっています。神の体を切るなど畏《おそ》れ多いではないか、という躊躇《とまど》いがあったわけです。

いやいや。今の皇室典範は、「自由」「平等」を原理とする日本国憲法の下で、例外的に世襲とされている天皇家の在り様を規定しているにすぎません。現人神の幻影は払拭《ふっしょく》して、今の生身の天皇陛下のお気持ちを尊重すべきではないか、と私は思っています。

立憲主義の下での天皇制

私の両親は戦中派ですから、世代的に皇室に対して尊崇《そんすう》の気持ちを抱いていました。私も、天皇陛下に褒《ほ》めて頂けたなら、大変な名誉と思って育ちました。

私が高校生のとき、日本史のH先生が生徒に問いかけたのです。「おい、天皇はどうして偉いかわかるか?」「えっ?」私たちはきょとんとし、曖昧《あいまい》な笑いを浮かべました。「偉いに決まってるじゃない」。

H先生の答え。「前の天皇の子どもだからだぞ」……そのときの衝撃を、私は鮮明に覚えています。

天照大神に由来する尊崇を、将来も持ち続けられるか? 天皇制については、立憲主義的な憲法条項とどう均衡を保つか、将来的な検討課題だと思います。

ただ、今の、天皇を元首とし(自民党改憲草案第1条)、天皇には憲法擁護《ようご》義務を免じて(同102条2項参照)、家父長的天皇制を復活させる自民党改憲案には到底賛同できません。

特に、戦没者慰霊の外国御訪問を続けておられる今上天皇のお気持ちを、そのような憲法改正の口実に利用するのは、不敬であると思えてならないのです。

十一　ボーイズ＆ガールズ、ビー・アンビシャス！

奨学金という名の借金

先日、地元の大学生の集まりに参加させていただきました。集まりの眼目《がんもく》は、奨学金制度とブラックバイトの問題でした。

法律相談を受けていても、近頃急に、学費をめぐる相談が増えた気がしていました。「離婚して別に暮らしているお父さんが、自分の家に近い学校に進まない限り学費は出さないと言っている」「調停で決めた養育費の支払いが終わる20歳以降は、金は出さないと言われた」「子どものために学費ローンを借りた。私が死んだとき、子どもたちが相続放棄することは可能ですか？」。

奨学金の返済が大変だ、という話もよく耳にするようになりました。だいたい、司法修習の費用が、私たちの頃と違って貸与制になっています。つまり、弁護士になるとき、既に数百万円の借金を背負っているということです。借金を返すため、お金にならない人権活動などに手を出せないという傾向が若手弁護士の中に現れています。それは、国家にとっての損失だ、給費制に戻すべきだ、という裁判や運動が続けられています。

弁護士という手に職をもつ人ですらそうです。

大学を出てから就職がどうなるのかわからない人たちにとって、奨学金という名の借金はどれほど重く感じられることでしょう。

家計に余裕がないなか、大学に行かせてもらうのだから、親にこれ以上の負担は掛けられない、自分で稼いで不足を補おう、と考える。そして辿り着くのが、ブラックバイトという構図。試験でもシフトを変えてもらえない、休むと怒られる（有休を認めてもらえない）、正社員と変わらないシフトをこなしているのに賃金に差がある等々。

子どもの貧困

講師は医師だったので、親の収入と学力の相関のほかに、収入と健康のことも話題になりました。まず、親の収入が高いほど、学力が高くなる傾向がある。低所得では子どもの教育に回すお金がないのだから、そうなるでしょう。

逆に、収入が低いほど、肥満《ひまん》になりやすく、糖尿病などの罹患率《りかん》が高い。それもそうでしょう。栄養バランスのよい食事は高くつく。とりあえず満腹になる菓子パンやカップ麺でしのぐことが多くなるし、スポーツをする、させる余裕などあるはずもない。

「貧困」は、子どもにまで厳しい格差をもたらしている、という実態に背筋が寒くなりました。

だから、と講師は続けました。現在の学力で足切りするのでなく、勉強したい人は勉強ができるような給費制の奨学金制度を作るべきです。ブラックバイトの規制もすべきです。最低賃金を時給1000円にしましょう。貧困の連鎖を断ち切りましょう、と。

金の心配をする若者たち

休憩時間に、講師への質問が集められました。皆さん、なかなか熱心に書き込んでいましたした(その真面目さも、私には意外な感じでした)。

参加者の質問が集中したのは何だったか、わかりますか？

「給費制の奨学金を作る財源はあるんですか？」という点だったというのです。

私は愕然《がくぜん》としました。私も母親として、そこにいた学生たちが不憫《ふびん》で、胸が痛みました。

だって、そうでしょう？「お母さん、僕、大学行っていい？　お金、あるの？」と聞かれたのと同じことです。

「何を心配してるんだか。学費なんてなんとでもなるよ。心配しないで、一生懸命勉強しておいで」と言ってやりたい。しかし、容易に言えない親がいるのです。その苦悩を瞬時に味わいました。

私自身は、奨学金を借りたことがありません。母が奨学金の返済で苦労したことから、子どもに学費の心配だけはさせない、という固い決意の下で育てられました（父は給費制の奨学金を受けたとかで、どこかのんきでした）。ただ、親が学費捻出《ねんしゅつ》のために生活を切り詰めているのはわかっていました。アルバイトするぐらいなら勉強して、と言われ、金のために自由を縛られるのが苦痛でした。だから、絶対に単位を落とさない、追加で金の無心をしない、勉強以外の活動費用はアルバイトで稼ぐ、という姿勢で学生時代を過ごしたのでした。

それでも、学費・生活費を出してもらえただけ、私は恵まれていたんだ、とつくづく思いました。

今の親たちが怠け者だとか教育に無理解だというのではないでしょう。賃金が上がらない、物価は上がる、まして教育費は高騰《こうとう》している……。親の窮状《きゅうじょう》を知っているから、子どもが気を使う……。なんと悲しいこと。

大志を持って！

講師は、もちろん、財源があることを説明していました。大企業には内部留保がある、そこからきちんと税金を取ればよい。タックスヘイブンは厳しく規制する。また税金の使い途《みち》を変えればいい。過去最高という軍事費や、政党助成金や大型開発をやめて、国民に直接回すべきだ……。

学生たちはまたおとなしく聞いていました。

おとなしくない私は、黙っていられなくなりました。「私、弁護士ですけど、親として聞いていて、胸が痛かったです。でもね、あなた方は、健康で文化的な最低限度の生活を保障する憲法25条を持つ国の、主権者なんですよ。そんな『財源があるんですか？』なんて情けない心配をするより、『私に好きなだけ勉強させろ』と声を上げるくらいでいてほしい。国家は国民のためにあるんだから！」

「財源を心配するより、私を大切にしろ、と声をあげなさい、という飯田先生の言葉が心に刺さりました」と、感想を書いた人がいたことを、後で知りました。

若者よ、もっとやんちゃであれ。

君たちには、童話「裸の王様」の子どものように、したり顔の大人たちに、今の世の中おかしいと気づかせる、そんな存在であってほしい。

十二　人は家のため国のため生くるに非ず

多様な家族の有り様

私は、32歳で離婚。離婚後に法律事務所の事務員をしながら受験勉強をして、司法試験に合格。40歳で弁護士登録しました。

講師として私を紹介するときに、右の事実に言及してよいかどうか気にする向きがあるようです。こんな私的なことはあえて公表しない弁護士さんが多いんじゃないですか？　と逆に気を遣《つか》われてしまったりして。

しかし、離婚したことは憲法落語のネタでもあるので、私はいっこうに気にしません。

さらに言えば、息子の親権を父親に渡したことから、以後、16年間息子とは面会さえ叶《かな》いませんでした。大学生になった息子と再会してから、手探りで母子関係を築いています。

また、私の妹が32歳のとき、その夫が急逝《きゅうせい》しました。幼い子ども3人を遺《のこ》しての死でした。告別式までの時間に、妹は急に白髪になりました。「32歳は女の厄年ね」と泣く妹に、「私たち自身はピンピンしてるじゃないの！」と叱咤したのを覚えています。

という訳で、私たち姉妹は２人とも「夫婦と子ども２人の標準世帯」という範疇《はんちゅう》に当てはまりません。妹家族と私が旅行をすると、他のツアー客が陰で妹の子に「あなたのお母さんはどっちなの？」と聞いていました。

両親が揃《そろ》っていないと子どもがかわいそう、という偏見に、私は身をもってあらがってきました。両親が揃っているのに孤独な子どもも存在します。児童虐待などという言葉に出会う前から、私はそれを感得していました。だから、息子が継母の許《もと》で育てられていても、私は息子を待つことができたのでした。

「家族の尊重」……その心は？

突然私の身の上話で始めたのは、自民党改憲草案24条1項の話をしたかったからです。

同条は、「家族は、社会の自然かつ基礎的な単位として、尊重される。家族は、互いに助け合わなければならない」と定めています。

この条文によれば、長らく１人暮らしをしている私など、憲法に反する不自然な存在のように思われ、まことに不愉快。

単身だって、息子の生活も支えているし、私が入院すれば、息子が病院に来ます。わが両親は、郷里で2人暮らし。親の一方が入院すれば、妹から連絡が来ます。なんとかバランスを取って暮らしている状態。

この状態は、何もわが家族に限ったことではないと思うのです。

前項では、子どもや若者の貧困をテーマにしましたが、高齢者も、生活の不安に怯えています。マクロ経済スライドの導入とやらで、年金額は実質的に低下することとなりました。その上、年金カット法が施行されようとしています。夫婦共に健康であれば何とかなるが、どちらかが病んだときはどうなるのか。子どもに頼ろうにも、子ども自身が住宅ローンや孫の学費で手一杯。迷惑は掛けられない。自宅を売却するしかないかもしれない……そんな不安をたくさん聞きます。

それなのに、24条1項は言うのです。

家族という存在を尊重してやるから、家族のことは家族で支え合って解決せよ。国家に迷惑をかけるな。

全ての国民に健康で文化的な最低限度の生活を保障した憲法25条の精神は換骨奪胎され、国家の義務は著しく軽いものになります。

あらゆる年代の国民が抱いている「将来の不安」を、自己責任論で解決させようとするのが、24条1項だとも言えます。

いやいや、努力にも限界がありますから。

親は自分の親の介護に手を取られる。子どもはマタハラで出産できない、子どもを生むことができても預ける保育園がなくて、復職できない。祖父母の介護をしている親に、孫の面倒まで見る余裕はない。そんな場面どこの家庭にも起こり得ます。

介護職員・保育士の賃金を上げよ。生活できる年金額を保障せよ。定時に帰れる働き方をさせるよう、企業を指導せよ。教育費・学費を下げて親の負担を軽くせよ。

国民の声に押されて、さしものアベ政権も、（規模は不十分ながら）賃上げ・働き方改革や奨学金制度の見直しを政策に掲げるようになってきました。

アベ政権の家族観

私が憲法噺を始めた2015年春頃、政府は予算をつけて「女性手帳」なるものを、妊娠可能な年齢の女性に一斉《いっせい》に配布しようとしていました。女性の性と生殖に関する権利を侵害するとして強い反対に遭《あ》い、その提案は撤回されました。

2015年9月、俳優の福山雅治さんが結婚したことについて、菅官房長官が「福山さんにあやかって女性の皆さんには出産をして国家に貢献してほしい」という趣旨のコメントをし、失笑を買っていました。

2016年暮れには、内閣府による結婚奨励策のうち、企業・団体・大学に「婚活メンター」（サポーター）を設置し、その成績を国・自治体が表彰するという制度が、「職場で結婚を強要するのはセクハラ」という批判によって、削除されましたことも思い出されます。

こう見てくると、アベ政権は一貫して、「国家のために」結婚して子どもを生んで育てよ、と国民に要求していることがわかります。

その大切な働き手である若者が、ブラックな働かされ方で過労死・過労自殺する、或いは、南スーダンで命の危険に曝される、この現実！

国民は、国家の部品ではないのです。

国家が、国民のための装置なのです。

国家が国民のためにすべきことを、家族に押し付けるのはやめてほしい。家族の働き手を、国家のために潰してしまうのもやめてほしい。24条1項の「家族」は、国家のための部品製造工場のように思えてなりません。

八法亭みややっこの〝あるある〟噺

二大巨頭（!?）の対談実現！

――今回特別対談として、柱茶柱《はしらちゃばしら》さんにご登場いただきます。茶柱さんは落語家である桂《かつら》茶がまさんに弟子入りした司法書士としてメディアにも取り上げられ、かれこれ9年近く、遺産相続などをテーマに落語をされています。

普段は忙しく仕事をこなしながら、ときには噺家として駆け回る。これは同じ境遇《きょうぐう》でないとわからない経験でしょう。

そこで、みややっこさんと茶柱さん、二大巨頭の夢の対談が実現しましたので、普段お話しできない舞台裏を聞かせていただきたいと思います。

早速ですが、ぶっちゃけ主催者の人に「これが言いたい」ってことはありますか？

茶柱　いきなりですか（笑）。

そうですね。主催者から、30分でお願いしますと言われることがよくあります。普通の落語だと十分ネタができます。むしろ、長く時間もらって、ありがと、ってくらい。

でも、僕の噺には90分は欲しいんです！

みややっこ　私もです！

茶柱　でしょう！（笑）

落語を交えて、間違いがないように専門知識を一通りわかりやすく伝えたら、どうしても時間がかかる。やはり90分は欲しい。

90分といったら落語では超大ネタじゃないですか。そこでまずびっくりされます。でも、手短に笑いを一つ取ればミッションはおしまい、とはいきません。ちゃんと自分の専門知識を伝えないと。そのために呼んだんでしょ！って（笑）。

みややっこ　普段の法律家とは違う見方をされますよね。落語家として扱われるから、ハードルが低いように感じて、普段頼めないことでも言えるんでしょうね。でも、プロの噺家とも違うわけですよ。

茶柱　専門家の講演依頼で、短く30分にしてくださいって言います？　言わないでしょう。30分で何か学べるなんて思いませんもん。

でも僕らは言われちゃうんですよ。

みややっこ　その気安さは嬉しくもあるんです。弁護士として講演したアンケートには、「勉強になりました」くらいしか感想がありませんでした。

落語でやってからは、「憲法がこんなに楽しくわかったのは初めて」「本当に面白かった！なんたって、私が寝なかったくらいだから！」「法律は六法なのに八法亭なのはなぜ？」「オチが弱い」「上から目線だ」などなど、みんな好き勝手に書くのです。

このギャップには驚きました。弁護士に対してこんなことを言うかね、と思いつつも、私をより身近に感じてくれているんだなと思いました。

これは噺家弁護士独特の感覚です。

やっぱり、使命感かしら？

茶柱　普段は「ありがたい」お話をする専門家が、ある面では笑い者になっているわけですからね。

正直、プライドが傷つけられたり、何をやっているんだろうと思うことはありました。当然、普通の仕事もしているわけで、ただでさえ忙しい中、落語家の弟子という立場もあり、9年経った今でも、師匠からの電話にはいつもビクビクしています（笑）。普段の仕事を考えると、自分の口演のギャラは激安（笑）。

でも、なんで続けているんだろうと思うと、呼ばれるからですよね。僕らのようにやる専門家がいない。プロの噺家さんは、逆に専門家ではないから、できないわけです。

僕がこんなこと始めたのって、プロの噺家さんが法律に絡んだ話を落語でするのを見て、つまらなかったからなんですよ（笑）。

みややっこ　私もきっかけは、私がいた弁護団の裁判の報告を弁護士がやると難しいので、プロの噺家さんに頼んだところ、裁判の内容には触れずに終わってしまったことでした。がっかりした雰囲気がすごくて、かわりに私が即興でやったら大ウケしたんです。

茶柱　周りの同業者と同じことをするのが、なんだかんだ言って、僕たちイヤなんですよ（笑）。異端児ですね！（笑）

みややっこ　せやねん！（笑）　でも、私は憲法の大切さをより多くの人に理解してもらいたいので、私のネタを自由に使って広めて欲しいんですよ。同業者はなかなかやってくれませんけど。

同業者にもやってほしいという気持ちも含めて、専門家として伝える責任というか、使命のようなものを感じます。

見えない変化こそ本物！

――専門家として伝える使命……。茶柱さんはいかがですか。

茶柱　僕は普段、遺産相続の手続の仕事が多いのですが、「私の家族は大丈夫です、仲が良いし、もめません」という家族に限ってもめるんですよ（笑）。

当人が生きているあいだにちゃんと話をしておけば、家族で争いをしなくて済んだ。今も仲良い家族でいられた。でも、誰も自分が死ぬ日ってわからないじゃないですか。それにわずかな遺産でも、やっぱりもめるんですよ。それはとても不幸なことです。

僕の噺では、会場のお客さんをつかまえて、「あんたいつ死ぬの？」っていきなり聞くことにしています。いつ死ぬかわからないから、備えておこうということを伝えたいのですが、普通、こんなセリフはおいそれとは言えません。噺家の雰囲気じゃないと無理です。

でもこの一言には、普段言えないからこそ、核心を突いたものがあるんです。お客さんにも、遺産相続の話は自分に関係のあることだとしっかり受け止めてもらえる。

かっこいいことを言うと、そうまでしないと伝わらないし、伝えたいからなんです。専門家として本当に役に立ちたい、自分の知識をわかりやすく伝えることで、起きなくていい不幸をなくしたい。そういうのが使命感というものかもしれませんね。

ただ、そういう思いがあるからこそ、どこまで力になれているんだろう、影響力を持っているんだろうと悩むことは少なくないのですが。

みややっこ　私、みややっこを始めて1年くらい経った頃に、こんなことをしていて何になるんだろうと落ち込んだことがありました。憲法改正阻止に間に合うのかと。楽しかったと聞いてもらっても、手ごたえってはっきりとはわからないでしょう。

私たちは、半分ボランティアのようなところがあって、誰かのため、何かのために噺をしている。

だから反応が欲しいと思うのは仕方がないことかもしれません。それに、仕事であつかう事件は手ごたえがあるし、結果がはっきり出ます。噺家として専門知識を伝えても、普段のような手ごたえは無いから、ギャップを感じるのかもしれませんね。

でも、そう思って落ち込んでいたときに、「見えない変化こそ、本物」と言われて、元気付けられたことがあったんです。

茶柱　おぉ……。いい言葉ですね。

みややっこ　人の心の変化はすぐにはわからないし、目に見えない。でも、心に残った言葉には力があって、意識をしなくても、その人を支えたり育てたりするものです。

お題目のように憲法が大切だと繰り返していた人たちが、なぜ憲法が大切なのか、自分で考えるようになってきました。

実際、私の知らないところで私の本を勧めて普及してくれる人がいたり、観光バスの移動時間や集会でＤＶＤを使って勉強会してくれる人がいたりします。嬉しいことです。

茶柱　これは勇気づけられる話ですね。僕は明日も口演があるのですが、気力が満ちてきました（笑）。

同業者からは白い目で見られることもあるのですが、やっぱり、見えない変化こそ本物なんですよ！　僕もそうありたいです。

どんなことでも笑いに変える力

――笑うことで専門的なことが身近に感じる。心に残る。そして人を育てていく。想像以上にすごい力ですね……。とても良い話です。

専門家がお二人のように取り組んでくれると、世の中が明るくなるでしょうね。最後に、落語の力について、読者の皆さんにお伝えいただきたいと思います。

茶柱　どんなことでもネタにできる、これが落語の力ですかね。

専門家は失敗が許されないし、主催者も落ち度があってはいけないと緊張します。でも、笑いにできれば救われるし、なんでもネタにしてやるぞ、という意気込みでいられるのは楽しいものです。

例えば、主催者の方達に出囃子を鳴らしてもらうと、タイミングが難しくて、あまりうまくいかなかったりする。だから最近は慣れたもので、失敗してくれる方が嬉しくて、ツッコミ入れて楽しんじゃう。すべてがネタにできるわけですよ。

面白かったと笑顔でサインや握手を求められるのは、噺家の特権。嬉しいし、やりがいがあります。これはどこの会場でもそうなんですが、始まる前と後で、ぜんぜん対応が違いますよ

（笑）。

ぜひ専門家には、落語でやるということが、酔狂や余興ではなく、有力な手段なのだとわかっていただきたいですね。僕らのライバルが増えますけど（笑）。

みややっこ　私も口演の前後で対応が違いますよ。口演後はサインを求めて列ができると説明しても、信じてもらえなかったりしました。

私は同じネタをずっとやり続けているのですが、必ずウケてもらえるところがあり、それはネタの力なのだなと思うようになりました。

私の憲法噺はみんなの手作りでできたと思っています。ネタはお客さんの反応を受けながら、少しずつブラッシュアップされたし、高座名もめくりも、お客さんから贈られたものです。

落語の力もあるといえばそうですが、私の場合は、不思議なみややっこのめぐりあわせのようなものがあって、みんなの力をもらい、ご縁がつながり、大きくなっている、そんな気がします。

みんながそれぞれ自分の憲法噺をしてよい、私はそう思っています。憲法は個人の幸せのためにあるのですから、それぞれの噺があるでしょう。

――お二人のように魅力と影響力を持った人を集めた、専門分野噺家連盟みたいな集まりとい

うか、芸能事務所ができると面白そうですね。
今日は本当にいいお話を聞けました。ありがとうございました。

ついで

あとがき

最後までご覧いただき、まことにありがとうございます。本書を書きながら、地方口演の思い出がよみがえりました。各章に綴った俳句は、そのときの思い出です。

3月。笛吹市は、桃も名産。花が咲けばさながら桃源郷のようだ、と主催者。ただ、太陽暦3月上旬では蕾をつけたばかり。桃の節句は旧暦でするのだそうでした。

俳人9条の会での口演は、北とぴあの上階。控え室の窓からは、東北・北陸新幹線の行き交う様が一望でき、見飽きませんでした。私の口演の後に、震災被災地を詠んだ歌が紹介され、涙しました。

淡路島では、朝、バスターミナルに向う交差点で信号待ちしているときに、耳元をサアッと海鳥がかすめ、思わず身をかわしました。

松江市では、どうしても濠巡りをしたくて、雨の予報にも負けずに乗船しました。船を降りる頃に雨が落ち始め、以後は運航中止。危ないところでした。

伏見稲荷は、外国人観光客の波。縫《ぬ》うように歩いて、冷やし飴で一息入れたときの句です。

天草市へは、「みぞか（かわいい、愛おしいの意）号」というプロペラ機で渡りました。海と空の青さを思い出します。しかし、衝撃だったのは、廃校になった、かつての校庭に背の高い夏草が生い茂っている様でした。

善光寺での写真、大仏地蔵さんの膝に鳩が止まっています。善光寺の扁額には鳩が5羽描かれているというように、鳩が市民権を得ている感じでした。

仙台市では、宿泊したホテルが名掛丁の初恋通り近くにありました。どうして初恋？　と思ったら、英語教師をしていた島崎藤村が下宿で「初恋」を書いたところ、と。「もってのほか」は、食用菊の名前。キオスクで、菊やアケビが売られていたことに、旅情を感じました。宿の食事にも供されました。

札幌市・青森市・高岡市は、いずれも雪景色。

札幌市では、八王子で市議をしておられた方が、アイスバーンになった歩道で草履の私が転ばぬよう、ホテルまで送ってくれました。

夜に新青森駅に着く電車。青森の手前からチラチラ粉雪が舞い始め、心細いとき、改札に迎えてくれる人の姿に、ほっとしました。

高岡市では、ほかほかの鍋料理をいただいた後、アーケードを駅前ホテルまで連れだって歩きました。ドラえもん・のび太・ジャイアンなどと、少し離れて大伴家持の像が、お揃いの綿帽子を被っている様が微笑ましく映りました。

17文字が、それぞれの情景を思い出させてくれます。

俳句といえば、去る4月15日、アベ首相が２０１７年の桜を見る会で、「風雪に耐えて5年の八重桜」と詠んだと、話題になっています。アベさんは、２０１４年4月の同じ会のときも、「給料の上がりし春は八重桜」と詠んでいました。

八重桜というのが5音でちょうどいいから多用するのか、それとも、「いにしへの奈良の都の八重桜けふ九重《ここのえ》ににほいぬるかな」という古歌に自分の栄華を重ねているのかわかりませんが、いずれも、桜そのものより自分の成果に焦点が向いているのが、とても残念な句です。

アベさんは、「美しい国」とか、「和の文化を大事に」とか言っている割に、具体的にどういうことを美しい、どの文化を誇らしいと思っておられるのか、私には理解できません。

私が落語のネタにしていた教育勅語が、急に取り沙汰されるようになりました。アベさんは、教育勅語の補助教材として使うことは可能だ、と閣議で決定してしまいました。反面教師として批判的に検討する材料にする意図とは思えません。それは、8億円引きの超特価で国有地の払い下げを受けた森友学園問題を思い起こせば明らかです。同法人が運営していた幼稚園では、園児に教育勅語を暗唱させており、園を訪問してそれを眼前に見たアベさんの妻・昭恵さんが、感激で涙している映像は、何度もテレビで流れました。その感激こそが、同法人優遇のきっかけだったことは争いようがないでしょう。

アベさんは愛国主義者ではない、国粋主義者だ、と二見伸明さん（元公明党衆院議員、元運輸大臣）が指摘しておられるのを聞きました。本当の愛国主義者は、どの国の人も尊重するもの。人種の違い、宗教の違い、経済力の違い、そうした違いを認めてリスペクトするのが、愛国主義のはずだ、と。そして、穏やかな保守を自認してきた自分は、アベさんを保守とは認められない、とも言っておられました。

国民を欺いて国有地を自分の主義に同調するところに安く売る。国民を軍国主義に駆り立てた教育勅語を推奨する。国民の通話・メールなどの通信内容をも監視し、政府を批判する言論があろうものなら、「犯罪の疑いあり」として警察官が国民を逮捕できるようにする「共謀罪」導入の法案は、これまで3度廃案になっているのに、オリンピック対応と看板を変えて、またぞろ、国会に提案する。

一体どこが美しいのか？　と思います。

日本国憲法は、アベ政治と比べようもなく、美しいです。憲法が本当に生かされれば、どれほど豊かで穏やかな国になるでしょう。ただ、それは誰かにしてもらうものではない。夢物語にならないよう、国民が自ら求めて、実現していくものだよ、と憲法は言っています。

私の憲法噺やこの本が、憲法をくらしに活かせるよう貢献できるなら、大変嬉しいです。

今回も、前作『八法亭みややっこの日本を変える憲法噺』に続き、大月書店刊行の、月刊誌「クレスコ」の連載がベースになっています。掲載をご快諾いただいた大月書店編集部と、花伝社編集の水野宏信さんの尽力、全国のみなさまとの出会いに感謝申し上げます。

２０１７年　４月　飯田美弥子

飯田美弥子（いいだみやこ）

弁護士。水戸一高落研出身。自民党の2012年改憲草案の中身に驚き、2013年5月から、憲法落語の活動を始める。当時在籍した八王子合同法律事務所にちなんで高座名を「八法亭みややっこ」とする。
市民事件のほか、ハンセン病国賠訴訟、高尾山にトンネルを掘らせない天狗裁判、再審布川事件、京王電鉄バス部門分社化リストラ争議、痴漢冤罪沖田国賠事件、日の丸君が代強制反対裁判など、さまざまな弁護団事件に参加。

現在の連絡先：うぶすな法律事務所（0294-51-1337）

八法亭みややっこの世界が変わる憲法噺

2017年5月3日　初版第1刷発行
2019年3月5日　初版第2刷発行

著者 ―――― 飯田美弥子
発行者 ――― 平田　勝
発行 ――――― 花伝社
発売 ――――― 共栄書房
〒101-0065　東京都千代田区西神田2-5-11 出版輸送ビル2F
電話　03-3263-3813
FAX　03-3239-8272
E-mail　info@kadensha.net
URL　http://www.kadensha.net
振替　00140-6-59661
装幀 ―――― 黒瀬章夫（ナカグログラフ）
表紙写真 ―― 村上　岳
イラスト ―― 平田真咲
印刷・製本 ―― 中央精版印刷株式会社

ISBN978-4-7634-0815-0 C0036